So wird es gemacht:

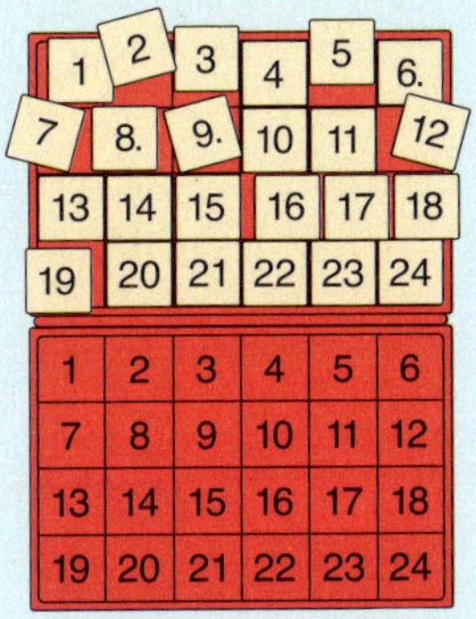

Öffne das LÜK®-Lösungsgerät und lege die Plättchen in den unbedruckten Deckel! Jetzt kannst du auf den Plättchen und im Geräteboden die Zahlen 1 bis 24 sehen.

Beispiel: Seite 2 **Um welche Satzart handelt es sich?**
Nimm ein Plättchen 1 und lies Satz Nr. 1:

1 Du sollst nicht in der Nase bohren

Aussagesatz **23**	Fragesatz **19**	Befehlssatz **8**

Wähle nun zwischen Aussagesatz, Fragesatz und Befehlssatz. Dieses ist ein Befehlssatz. Dahinter steht die Zahl **8**. Das ist die Feldzahl, auf die du das Plättchen 1 legst. Die Zahl 1 muss nach oben zeigen.

So arbeitest du weiter, bis alle Plättchen im Geräteboden liegen. Schließe dann das Gerät und drehe es um! Öffne es von der Rückseite! Wenn du das bei der Übungsreihe abgebildete Lösungsmuster siehst, hast du alle Aufgaben richtig gelöst.

Passen einige Plättchen nicht in das Muster, dann hast du dort Fehler gemacht. Drehe diese Plättchen da, wo sie liegen, um, schließe das Gerät, drehe es um und öffne es wieder! Jetzt kannst du sehen, welche Aufgaben du falsch gelöst hast. Nimm diese Plättchen heraus und suche die richtigen Ergebnisse!
Kontrolliere dann noch einmal! Stimmt jetzt das Muster?

Das System ist für alle Übungen gleich:
Die roten Aufgabennummern 1 im Heft entsprechen immer den LÜK-Plättchen 1 aus dem Lösungsgerät.
Die schwarzen Zahlen hinter den Lösungen sagen dir, auf welche Felder des Gerätes du die Plättchen legst.

Und nun viel Spaß!

Um welche Satzart handelt es sich?

Wähle unter folgenden Möglichkeiten:

Aussagesatz → Es wird etwas berichtet.
Fragesatz → Eine Frage wird gestellt.
Befehlssatz → Es wird zu etwas aufgefordert.

1 Du sollst nicht in der Nase bohren

Aussagesatz 23	Fragesatz 19	Befehlssatz 8

2 Die Fliege landete auf der Glatze

Aussagesatz 4	Fragesatz 24	Befehlssatz 15

3 Wieso schmeckt dir der Pudding nicht

Aussagesatz 12	Fragesatz 11	Befehlssatz 20

4 Mir schenkte der Nikolaus viele Plätzchen

Aussagesatz 7	Fragesatz 19	Befehlssatz 4

5 Wirf nicht mit dem nassen Schwamm auf den Lehrer

Aussagesatz 8	Fragesatz 24	Befehlssatz 23

6 Faule Pflaumen werden schnell schimmelig

Aussagesatz 3	Fragesatz 12	Befehlssatz 20

7 Kannst du mir mal deinen Radiergummi leihen

Aussagesatz 16	Fragesatz 15	Befehlssatz 7

8 Wann bekommt die Kuh endlich ihr Kälbchen

Aussagesatz 11	Fragesatz 19	Befehlssatz 3

9 Benutze die Nadel nicht als Zahnstocher

Aussagesatz 16	Fragesatz 8	Befehlssatz 12

10 Fritz, streiche den Stuhl endlich an

Aussagesatz 15	Fragesatz 11	Befehlssatz 24

11 Der Bademeister lief in Gummisandalen herum

Aussagesatz 20	Fragesatz 23	Befehlssatz 7

12 Habt ihr etwa das Waschpulver vergessen

Aussagesatz 1	Fragesatz 16	Befehlssatz 4

13 Mit einer Bürste kämmte der Frisör die Lehrerin

Aussagesatz **1**	Fragesatz **14**	Befehlssatz **2**

14 Du sollst die Schuhe nicht ins Wohnzimmer stellen

Aussagesatz **17**	Fragesatz **6**	Befehlssatz **9**

15 Hat dich der Zahnarzt auch mit einer Spritze betäubt

Aussagesatz **21**	Fragesatz **5**	Befehlssatz **22**

16 Wie lange hat das Pferd vor Durst gewiehert

Aussagesatz **18**	Fragesatz **2**	Befehlssatz **13**

17 Der Tierarzt behandelt keine Fliegen und Flöhe

Aussagesatz **22**	Fragesatz **10**	Befehlssatz **14**

18 Mit Postern tapeziert Fridolin sein Zimmer

Aussagesatz **6**	Fragesatz **18**	Befehlssatz **9**

19 Steck den Bleistift in dein Schreibetui

Aussagesatz **13**	Fragesatz **17**	Befehlssatz **21**

20 Versteckt dein Vater das Geld auch im Kleiderschrank

Aussagesatz **10**	Fragesatz **14**	Befehlssatz **1**

21 Klettert vorsichtig die Leiter hoch

Aussagesatz **9**	Fragesatz **5**	Befehlssatz **18**

22 Schaukele nicht so wild an den Seilen

Aussagesatz **6**	Fragesatz **21**	Befehlssatz **10**

23 Der Ball landete in Tante Ernas Küche

Aussagesatz **13**	Fragesatz **5**	Befehlssatz **2**

24 Haben dich diese Sätze traurig gemacht

Aussagesatz **1**	Fragesatz **17**	Befehlssatz **22**

Hauptsatz oder Nebensatz?

Denke daran:

Hauptsätze ergeben auch für sich allein einen Sinn,
Nebensätze ergeben für sich allein **keinen** Sinn!
Prüfe die hervorgehobenen Satzteile!

1 **Die Mutter tröstet ihr Kind**, weil es weint.

Hauptsatz 7 | Nebensatz 24

2 Dunkle Wolken zogen auf, **bevor es regnete**.

Hauptsatz 15 | Nebensatz 11

3 **Hättest du gerufen**, dann wäre ich gekommen.

Hauptsatz 3 | Nebensatz 4

4 Als die Nacht anbrach, **begann das Feuerwerk**.

Hauptsatz 8 | Nebensatz 19

5 **Bevor ich esse**, wasche ich mir die Hände.

Hauptsatz 23 | Nebensatz 16

6 **Das Wasser war so kalt**, dass niemand hineinging.

Hauptsatz 12 | Nebensatz 11

7 **Die Brille**, die du suchst, **sitzt auf deiner Nase**.

Hauptsatz 24 | Nebensatz 4

8 Die Burg, **in der wir übernachteten**, war über 400 Jahre alt.

Hauptsatz 7 | Nebensatz 20

9 Die Titanic stieß mit einem Eisberg zusammen, **ehe sie sank**.

Hauptsatz 16 | Nebensatz 3

10 Bis wir essen, **kannst du noch spielen**.

Hauptsatz 15 | Nebensatz 12

11 **Ob das Haus im September fertig ist**, weiß der Architekt nicht.

Hauptsatz 20 | Nebensatz 19

12 Wenn es Herbst wird, **fällt das Laub von den Bäumen**.

Hauptsatz 23 | Nebensatz 8

Stehen Hauptsätze am Ende eines Satzes, rückt das Prädikat (1. Teil) von der 2. an die 1. Stelle des Hauptsatzes!

13 **Da dichter Nebel herrschte**, fuhren die Autos im Schritttempo.

Hauptsatz **21** | Nebensatz **2**

14 Herr Meier telefoniert viel lieber, **so dass er keine Briefe schreiben muss**.

Hauptsatz **22** | Nebensatz **6**

15 Obwohl wir schon Neujahr haben, **hat es noch nicht geschneit**.

Hauptsatz **10** | Nebensatz **17**

16 **Wie du den Pullover strickst**, das ist mir ganz gleich.

Hauptsatz **18** | Nebensatz **1**

17 **Der Fußgänger stolperte**, weil er die Bordsteinkante übersehen hatte.

Hauptsatz **17** | Nebensatz **1**

18 Wenn du dich nicht beeilst, **kommst du zu spät**.

Hauptsatz **9** | Nebensatz **6**

19 Es ist leider nur ein Traum, **dass es keine Krankheiten gibt**.

Hauptsatz **5** | Nebensatz **18**

20 Obwohl es Sonntag ist, **müssen viele Menschen arbeiten**.

Hauptsatz **13** | Nebensatz **10**

21 Weshalb ich daran nicht gedacht habe, **verstehe ich selbst nicht**.

Hauptsatz **21** | Nebensatz **2**

22 Der Fliegenpilz ist gefährlich, **weil er giftig ist**.

Hauptsatz **14** | Nebensatz **5**

23 **Nachdem das Spiel beendet war**, gingen die Zuschauer nach Hause.

Hauptsatz **9** | Nebensatz **14**

24 Bevor ich nicht fertig bin, **höre ich nicht auf zu arbeiten**.

Hauptsatz **22** | Nebensatz **13**

Das Subjekt des Satzes

Welches der gekennzeichneten Wörter ist das Subjekt des Satzes?

Ein Tipp: Nach dem Subjekt fragst du immer mit „**Wer**“ oder „**Was**“.

1	**Die Vogelmutter**	19	füttert **ihre Jungen**	11	.
2	**Am Südpol**	7	herrscht **ewige Kälte**	21	.
3	**Die Berggipfel**	24	glühen **in der Abendsonne**	4	.
4	**Dieses Feld**	12	mähte **der Bauer**	8	sonntags.
5	**Auf einen Zoobesuch**	10	freue **ich**	5	mich immer.
6	**Große Hitze**	8	liebt **ein Eisbär**	22	nicht.
7	**Alle Vögel**	15	sitzen **im Nest**	1	.
8	**Dem Besucher**	5	gebe **ich**	13	die Hand.
9	**Das Heft**	3	hat **Peter**	11	zu Hause gelassen.
10	**Im Kino**	9	läuft **ein toller Film**	18	.
11	**Das nächste Flugzeug**	2	startet **in 10 Minuten**	6	.
12	**Der Weinstock**	16	trägt **viele Reben**	2	.
13	**Zwölf Monate**	23	hat **jedes Jahr**	7	.
14	**Viele Krankheiten**	19	können **die Ärzte**	9	heilen.
15	**Rote Ziegel**	23	deckten **die Dächer**	16	des Dorfes.
16	**Die Fußgänger**	20	beachten nicht immer **die Ampeln**	24	.
17	**Hohe Kräne**	3	beluden **die Überseeschiffe**	13	.
18	**Das Tor**	15	bejubelten **die Zuschauer**	12	sehr .
19	**Berge von Stroh**	4	lagen auf **den Feldern**	14	.
20	**Viele Kinder**	1	mögen **grüne Anoraks**	17	.
21	**Raschelnde Blätter**	17	bedecken **die Waldwege**	21	.
22	**Den Notarztwagen**	20	behinderten **eisglatte Straßen**	10	.
23	**Frische Äpfel**	18	wollten **die Händler**	14	verkaufen.
24	**Die Kundschaft**	22	lockten **preiswerte Angebote**	6	an.

Welches der gekennzeichneten Wörter ist *nicht* das Subjekt des Satzes?

Wie heißt das Prädikat des Satzes?

Das Prädikat ist immer ein Verb (Tätigkeitswort).

1	Mutter **strickt**	14	**schöne**	16	Pullover.
2	Die **lange**	14	Fahnenstange **schwankte**	18	.
3	Ein **blauer**	5	Himmel **verspricht**	21	schönes Wetter.
4	Die Zuschauer **klatschten**	13	**laut**	3	Beifall.
5	In der **leckeren**	12	Suppe **schwimmt**	9	eine Fliege.
6	Der Künstler **schuf**	17	ein **steinernes**	1	Denkmal.
7	Die **neuen**	8	Schuhe **drücken**	5	.
8	Eulen **heulen**	1	**schaurig**	10	in der Nacht.
9	Die Karawane **zog**	22	durch den **heißen**	18	Wüstensand.
10	Der **grüne**	23	Drache **qualmte**	10	.
11	Das Schiff **fuhr**	2	in den **hohen**	21	Norden.
12	Der **faule**	19	Zahn **schmerzte**	6	.
13	**Grelles**	4	Licht **spenden**	19	Scheinwerfer.
14	Nebel **zog**	23	durch **tiefe**	2	Täler.
15	Der **fromme**	6	Pilger **betete**	15	.
16	Raubtiere **versorgen**	20	ihre Jungen **liebevoll**	15	.
17	Der **geräucherte**	20	Schinken **schmeckte**	12	.
18	Jan **spielte**	16	auf der **neuen**	17	Orgel.
19	Der Cowboy **bändigte**	11	den **feurigen**	7	Hengst.
20	**Dicker**	22	Staub **lag**	8	auf den Möbeln.
21	Inga **spricht**	4	schon **ganze**	24	Sätze.
22	Unser **jüngster**	13	Sohn **schreibt**	24	Gedichte.
23	**Dumme**	9	Frager **erhalten**	7	kaum Antworten.
24	Im Wald **wachsen**	3	**giftige**	11	Pilze.

Welches hervorgehobene Wort ist ein Adjektiv?

Vervollständige das Prädikat!

Beispiel: Der Gärtner **reißt** das Unkraut **aus.**
(Die Grundform des Verbs heißt „**ausreißen**“.)

1 Dunkle Wolken **ziehen** am Himmel schnell dahin.

schnell 24 | dahin 23

2 Die Bagger **fingen** zu buddeln an.

an 19 | zu 21

3 Kinder **malen** gern schöne Bilder aus.

gern 13 | aus 21

4 Ich **nehme** im Urlaub oft an Gewicht zu.

an 18 | zu 24

5 Müllers **bauten** ihr Haus ohne Genehmigung aus.

aus 16 | ohne 17

6 Ingo **legte** alte Schallplatten auf, die ganz zerkratzt waren.

auf 20 | ganz 19

7 Eltern **machen** bei den Vorbereitungen gerne mit.

gerne 23 | mit 14

8 Der Direktor **nahm** alles mit, was auf dem Pult lag.

mit 18 | auf 20

9 Safeknacker **brechen** alle Geldschränke auf.

alle 15 | auf 22

10 Der Fuchs **legte** den Wolf herein.

herein 15 | den 16

11 Die Läufer **spurteten** beim Startzeichen los.

beim 22 | los 17

12 Der Angler **kochte** Kartoffeln gar und verfütterte sie.

gar 13 | sie 14

13 Ruth **warf** die Schalen weg und Gerd glitt darauf aus.

weg 12 | darauf 6

14 Gute Wachhunde **lassen** jeden rein und keinen raus.

jeden 3 | rein 8

15 Der Gast **wischte** sich den Mund ab und bezahlte sofort.

ab 10 | sofort 12

16 Der Maler **strich** die alte Wand grün an.

alte 9 | an 11

17 Tino **schlief** ein und träumte von bunten Käfern.

ein 1 | von 4

18 Gerd **trinkt** das Glas Milch in einem Atemzug aus.

in 2 | aus 9

19 Die Wäsche **lief** ein, als Vater helfen wollte.

ein 2 | als 8

20 Großmutter **las** Geschichten an kalten Winterabenden vor.

vor 5 | an 10

21 Onkel Otto **zieht** uns beide Ohren lang.

beide 11 | lang 4

22 Vater **tankt** den Wagen heute nicht voll.

heute 4 | voll 7

23 Kurt **dachte** gründlich nach, bevor er antwortete.

nach 6 | bevor 7

24 Ute **nimmt** die Sechs mit der Sieben mal.

mit 5 | mal 3

Gesucht: das Akkusativobjekt

Frage danach mit „Wen“ und „Was“!

1 Im Wald isst der Wanderer ein Butterbrot.

der Wanderer **18** | ein Butterbrot **13**

2 Bei Nebel erkennen Autofahrer hell gekleidete Fußgänger schlec

Autofahrer **21** | hell gekleidete Fußgänger **17**

3 Der kleine Krebs suchte Schutz in einem Schneckenhaus.

Schutz **4** | in einem Schneckenhaus **13**

4 Rolf bastelte aus Kastanien kleine Figuren.

aus Kastanien **6** | kleine Figuren **2**

5 Karl May schrieb das Buch im Gefängnis.

das Buch **3** | im Gefängnis **14**

6 Die Matrosen fingen Krabben mit feinen Netzen.

Krabben **6** | mit feinen Netzen **22**

7 Der König schenkte der Prinzessin seinen Ring.

der Prinzessin **16** | seinen Ring **5**

8 Zeitungen drucken Schlagzeilen in dicken Buchstaben.

Schlagzeilen **1** | in dicken Buchstaben **5**

9 Lachse überspringen in Flussläufen die Hindernisse.

in Flussläufen **1** | die Hindernisse **15**

10 Der Nachtwächter führte seinen Hund an der Leine.

seinen Hund **16** | an der Leine **2**

11 Der Schlosser drehte der Schraube den Kopf ab.

der Schraube **17** | den Kopf **14**

12 Beim Wettlauf besiegten zwei Igel einen Hasen.

zwei Igel **15** | einen Hasen **18**

13 Katzen schärfen ihre Krallen gerne an Baumstämmen.

ihre Krallen **7** | an Baumstämmen **23**

14 Im Winter behalten Tannen ihre Nadeln.

Tannen **10** | ihre Nadeln **11**

15 Der Fahrer kontrollierte den Ölstand des Wagens.

der Fahrer **8** | den Ölstand des Wagens **9**

16 Schwester Uta bezog die Betten der Patienten neu.

die Betten **20** | der Patienten **11**

17 Am Dorfteich geben die Frösche ein lautes Konzert.

die Frösche **3** | ein lautes Konzert **23**

18 Dicke Pelze schützen die Polarforscher vor Erfrierungen.

die Polarforscher **22** | vor Erfrierungen **20**

19 Der Gärtner schneidet in den Anlagen die Sträucher.

in den Anlagen **4** | die Sträucher **12**

20 Der Elektriker repariert die Antenne auf dem Dach.

die Antenne **19** | auf dem Dach **12**

21 Der Zinnsoldat fuhr im Papierschiff den Rinnstein entlang.

im Papierschiff **19** | den Rinnstein **21**

22 Kassierer zählen nach Veranstaltungen sofort die Einnahmen.

nach Veranstaltungen **9** | die Einnahmen **24**

23 Großvater heizt seinen Ofen nur mit Holz.

seinen Ofen **8** | mit Holz **24**

24 Björn bestellt Hähnchen mit Pommes frites.

Björn **7** | Hähnchen mit Pommes frites **10**

Was ist <u>kein</u> Akkusativobjekt?

Wie heißt das Dativobjekt?

Du findest es mit der Frage „Wem".

1 Inga hilft ihrer Mutter in der Küche.

in der Küche **17** | ihrer Mutter **7**

2 Meinem Freund schreibe ich aus dem Urlaub eine Karte.

eine Karte **7** | meinem Freund **9**

3 Der Verteidiger spielte dem Stürmer den Ball zu.

dem Stürmer **12** | den Ball **16**

4 Meinen Bekannten verleihe ich auch Bücher.

Bücher **12** | meinen Bekannten **20**

5 In der Nacht kam dem Erfinder eine tolle Idee.

dem Erfinder **17** | eine tolle Idee **3**

6 Das Geheimnis verriet der Spion dem Feind.

dem Feind **10** | das Geheimnis **14**

7 Dem Bauherrn zeichnete der Architekt einen Plan.

einen Plan **1** | dem Bauherrn **4**

8 Körnerfutter streuen wir im Winter den Vögeln hin.

den Vögeln **1** | Körnerfutter **5**

9 Die Königin selbst überreichte dem Sieger den Pokal.

den Pokal **15** | dem Sieger **23**

10 Der Gesangverein brachte dem Jubelpaar ein Ständchen.

dem Jubelpaar **6** | ein Ständchen **4**

11 An der Kreuzung fiel dem Fahrer wieder der Unfall ein.

dem Fahrer **14** | an der Kreuzung **6**

12 Dem Wanderer wurden die neuen Schuhe zu eng.

die neuen Schuhe **2** | dem Wanderer **3**

13 Den Aussichtsturm zeigten wir den Besuchern schon gestern.

den Besuchern **19**	den Aussichtsturm **23**

14 Fremden verraten Räuber ihre Verstecke nicht.

ihre Verstecke **19**	Fremden **22**

15 Große Ställe müssen wir großen Tieren bauen.

großen Tieren **11**	große Ställe **21**

16 Unseren Plan verriet Vater der Mutter nicht.

unseren Plan **24**	der Mutter **8**

17 Bettruhe empfahl der Arzt dem Kranken.

dem Kranken **15**	Bettruhe **13**

18 Morgen besorge ich dir ein neues Heft.

dir **24**	ich **22**

19 Für mich war ihm keine Mühe zu viel.

für mich **8**	ihm **16**

20 Oma flickt ihren Enkeln die Hosen.

die Hosen **11**	ihren Enkeln **13**

21 Diesem Zeugen schenkte der Richter Vertrauen.

diesem Zeugen **5**	Vertrauen **9**

22 Der Retter verband dem Verletzten die Wunde.

dem Verletzten **21**	die Wunde **20**

23 Am Abend näherten sich die Wanderer dem Ziel.

die Wanderer **18**	dem Ziel **2**

24 Der Frisör wusch der Kundin die Haare.

der Kundin **18**	die Haare **10**

Was ist <u>kein</u> Dativobjekt?

Suche das Dativ- oder das Akkustativobjekt!

Entscheide dich zwischen zwei Möglichkeiten!

1 Am Abend gibt Vati der Mutter einen Kuss.

Dativobjekt	der Mutter **17**	einen Kuss **3**

2 Damit verrate ich dir keine Neuigkeit.

Akkusativobjekt	keine Neuigkeit **13**	dir **24**

3 Dem Betrüger glaubte die Polizei kein Wort.

Dativobjekt	kein Wort **20**	dem Betrüger **4**

4 Heike versteckte Vater die Zeitung.

Dativobjekt	die Zeitung **9**	Vater **18**

5 Wir alle hielten unserer Mannschaft die Daumen.

Akkusativobjekt	die Daumen **10**	unserer Mannschaft **19**

6 Ihrem Baby singt Mutter ein Kinderlied vor.

Dativobjekt	ihrem Baby **14**	ein Kinderlied **17**

7 Ein Schnitzel verleiht der Metzger keinem Kunden.

Akkusativobjekt	keinem Kunden **23**	ein Schnitzel **20**

8 Deinem Onkel bestelle bitte Grüße von mir!

Akkusativobjekt	deinem Onkel **14**	Grüße **24**

9 Nachts öffnen wir keinem Fremden die Tür.

Dativobjekt	die Tür **1**	keinem Fremden **3**

10 Dem Lehrer konnte niemand die Frage beantworten.

Akkusativobjekt	die Frage **9**	dem Lehrer **18**

11 Diesen Wagen kann ich Ihnen preiswert verkaufen.

Akkusativobjekt	diesen Wagen **23**	Ihnen **10**

12 Ein Verkäufer trug dem Mann die Tasche zum Auto.

Dativobjekt	die Tasche **4**	dem Mann **19**

13 Die Autoschlüssel stahl ein Taschendieb dem Spaziergänger.

Dativobjekt	dem Spaziergänger **6**	die Autoschlüssel **21**

14 Die Rechnung schrieb der Handwerker den Bauherren sofort.

Akkusativobjekt	den Bauherren **11**	die Rechnung **2**

15 Der Wirt schenkte dem Gast noch ein Bier ein.

Akkusativobjekt	noch ein Bier **16**	dem Gast **8**

16 Der Häuptling bot dem Gefangenen die Friedenspfeife an.

Dativobjekt	die Friedenspfeife **1**	dem Gefangenen **5**

17 Den Regen schickte der Wettergott den Bauern noch rechtzeitig.

Akkusativobjekt	den Bauern **22**	den Regen **7**

18 Einen Weitermarsch verbot das Schild den Wanderern.

Dativobjekt	den Wanderern **15**	einen Weitermarsch **12**

19 Der Junge hob der Frau den Schirm auf.

Dativobjekt	der Frau **8**	den Schirm **2**

20 Können Sie uns den Schrank noch vor Ostern liefern?

Akkusativobjekt	uns **6**	den Schrank **11**

21 Die Zöllner nahmen dem Schmuggler die Zigaretten ab.

Akkusativobjekt	die Zigaretten **21**	dem Schmuggler **15**

22 Dem Richter gestand der Angeklagte endlich die Tat.

Dativobjekt	die Tat **15**	dem Richter **1**

23 Der Tankwart putzte dem Autofahrer die Scheiben.

Akkusativobjekt	die Scheiben **12**	dem Autofahrer **7**

24 Der Koch bereitete dem Hochzeitspaar ein Festessen.

Dativobjekt	dem Hochzeitspaar **22**	ein Festessen **16**

Einsatzübung mit dem Relativpronomen

Hier musst du ganz schön aufpassen!

1 Hotzenplotz, **...** Pfefferpistole geladen war, bedrohte Oma.

denen 20	dessen 7	dem 12

2 Die Wiese, **...** hinter unserem Haus liegt, wird gemäht.

die 9	deren 23	der 10

3 Weideland, **...** Feuchtigkeit fehlt, vertrocknet schnell.

das 17	denen 3	dem 12

4 Instrumente, **...** brennen, spielt Fred Feuerstein am liebsten.

deren 14	das 6	die 20

5 Schuhe, **...** Sohlen abgelaufen sind, müssen repariert werden.

denen 9	deren 17	die 1

6 Briefmarken, **...** ein Zacken fehlt, sind wertlos.

denen 10	die 7	deren 23

7 Die Frau, **...** Handtasche gestohlen wurde, ging zur Polizei.

der 6	die 4	deren 3

8 Konservendosen, **...** verbeult sind, dürfen nicht verkauft werden.

die 1	deren 12	denen 14

9 Planeten, **...** auf dem Bildschirm erschienen, waren weit weg.

den 10	die 23	der 9

10 Ein Pferd, **...** fliegt, kommt nur in Sagen vor.

das 6	dem 4	die 20

11 Birnen, **...** Drähte glühen, kann man nicht essen.

denen 3	der 7	deren 14

12 Einen Film, **...** ich grausam finde, schalte ich ab.

den 4	dem 1	dessen 17

13 Lilo, … in der Sesamstraße wohnt, ist sehr beliebt.

der 8	die 19	deren 16

14 Nur Spiele, … Regeln befolgt werden, machen Freude.

denen 18	die 15	deren 21

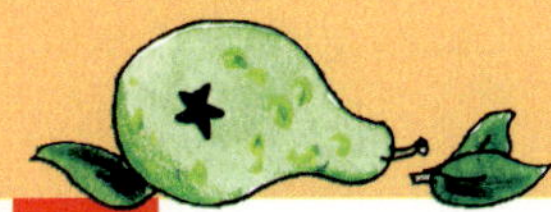

15 Hunden, … ich nicht traue, gehe ich aus dem Weg.

der 24	die 13	denen 11

16 Florian, … viele Treibhäuser gehören, ist ein Blumenfreund.

den 5	dem 8	der 22

17 Uhren, … laufen, müssen nicht unbedingt Beine haben.

die 15	der 19	deren 2

18 Obst, … reif ist, fressen Mäuse und Igel gern.

die 21	das 24	dem 11

19 Kompost, … verrottet ist, ergibt guten Mutterboden.

der 16	dessen 22	den 5

20 Eisen, … Oberfläche nicht behandelt wird, rostet.

dem 2	deren 8	dessen 13

21 Käsearten, … stinken, mag ich besonders gern.

denen 23	die 5	deren 24

22 Lausebengel, … schlafen, sind immer lieb.

die 22	der 13	denen 19

23 Gewässer, … Sauerstoff fehlt, sind nichts für Forellen.

die 15	der 18	denen 2

24 Vaters Firma, … die Aufträge fehlen, geht es schlecht.

die 16	der 18	denen 21

„das“ oder „dass“?

„das“ wird geschrieben, wenn man dafür „dieses“, „jenes“, „welches“
Geht es nicht, muss „dass“ eingesetzt werden.

1 Sieger beim Trabrennen, **...** wurde ein krasser Außenseiter.
das 14 — dass 9

2 Ich glaube, **...** der Geldbriefträger morgen kommt.
das 5 — dass 18

3 Das Reh, **...** gegen den Lastwagen lief, war sofort tot.
das 22 — dass 2

4 Zufriedenheit in allen Lebenslagen, **...** wünsch’ ich dir!
das 13 — dass 1

5 Frank hat solchen Hunger, **...** er ein ganzes Brot essen könnte.
das 18 — dass 9

6 Ein Haus, **...** auf Sand gebaut ist, gibt keine Sicherheit.
das 17 — dass 10

7 Gib Acht, **...** du nicht fällst!
das 21 — dass 6

8 Norbert meint, **...** Vater ihn zu Unrecht tadelte.
das 22 — dass 2

9 Fräulein Reinlich kaufte ein Kleid, **...** im Schaufenster hing.
das 21 — dass 17

10 Rheinwasser ist so schmutzig, **...** man es nicht trinken kann.
das 13 — dass 10

11 Das Veilchen, **...** so schön duftete, ist leider vertrocknet.
das 1 — dass 14

12 Es ist nicht zu fassen, **...** der Winter so wenig Schnee brachte.
das 6 — dass 5

13 Der Bettler dankte dem Reiter, ... er seinen Mantel teilte.
das 7 | dass 20

14 Fleisch, ... wir im Großmarkt kaufen, muss immer frisch sein.
das 24 | dass 4

15 Ich habe gehört, ... Ungeheuer von Loch Ness sei tot.
das 15 | dass 3

16 Es ist unwahrscheinlich, ... du so viel essen kannst!
das 11 | dass 19

17 Victor verdankt es tüchtigen Ärzten, ... er wieder laufen kann.
das 19 | dass 12

18 Unkraut im Vorgarten, ... stört jeden fleißigen Gärtner.
das 16 | dass 20

19 Der Jogger rannte so schnell, ... er völlig außer Atem kam.
das 8 | dass 11

20 Iss nicht zu heiß, ... ist ungesund!
das 8 | dass 24

21 Einen Sack Flöhe zu hüten, ... ist unmöglich.
das 3 | dass 15

22 Albert roch sofort, ... die Wände frisch gestrichen waren.
das 16 | dass 23

23 Himbeereis zum Frühstück, ... wünsche ich mir.
das 7 | dass 23

24 Thea merkte gleich, ... die Frage nicht ernst gemeint war.
das 12 | dass 4

Lauter Fragen

Auf welche Fragen antwortet die adverbiale Bestimmung der Zeit in diesen

1 Nach Griechenland fahren wir **im kommenden Jahr**.
wie oft 24 | wann 16

2 Dornröschen lag **100 Jahre** in tiefem Schlaf.
wie lange 24 | seit wann 4

3 Der Mittelstürmer trat **mehrmals** über den Ball.
seit wann 7 | wie oft 19

4 **Von Geburt an** liebte ich Mutti und Vati.
wann 8 | seit wann 15

5 Gerd fuhr den Sportwagen **nur 3 Monate**.
wie lange 7 | wie oft 12

6 **Seit dem 3. Mai** raucht Onkel Herbert nicht mehr.
wie oft 19 | seit wann 23

7 Der Paketdienst brachte **gestern** eine Riesenüberraschung.
wann 11 | wie lange 6

8 **Dreimal** klopfte der Besucher an die Tür.
wie oft 3 | wann 23

9 Achim kämpfte **45 Minuten**, um den Hecht zu landen.
seit wann 15 | wie lange 20

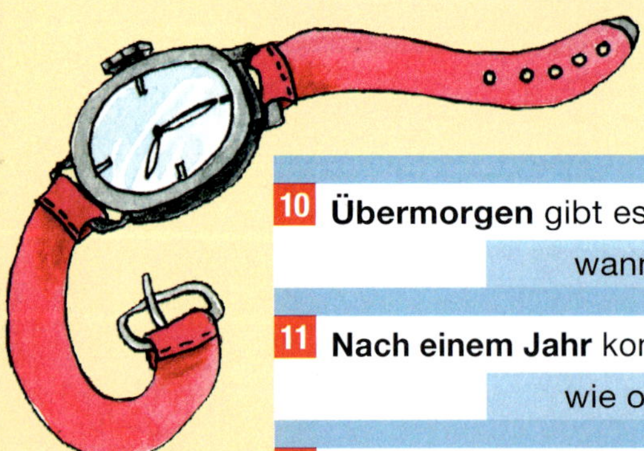

10 **Übermorgen** gibt es endlich Ferien.
wann 8 | wie oft 11

11 **Nach einem Jahr** konnte der Geflügelbauer kein Ei mehr sehen.
wie oft 3 | wann 4

12 Olga sieht **täglich** die Nachrichtensendung im Fernsehen.
wie oft 12 | seit wann 20

13 **Heute** gibt es Nudeln mit Tomatensoße.

wie lange **18** — wann **21**

14 **Am Ende des Mittelalters** starb das Rittertum aus.

wie oft **22** — wann **17**

15 Die Firma brauchte **zwei Monate** um zu liefern.

wie lange **13** — wie oft **9**

16 Heinz träumt **jedes Mal** bis in den späten Vormittag.

seit wann **13** — wie oft **22**

17 Faschingsfreunde können **seit gestern** ihre Kostüme anziehen.

seit wann **6** — wie lange **8**

18 **Nächstes Mal** kommst du nicht mehr so einfach davon.

wann **14** — wie oft **21**

19 Der Pfeil traf **niemals** ins Schwarze.

seit wann **22** — wie oft **5**

20 Jens schwört seiner Inge, **ewig** treu zu bleiben.

wie lange **10** — seit wann **1**

21 **Seit dem Tod ihres Dackels** kann Else keine Hunde mehr sehen.

wie oft **17** — seit wann **2**

22 Das Springpferd nahm **immer** alle Hürden.

seit wann **10** — wie oft **18**

23 Die Freunde treffen sich **freitags** zum Kegeln.

wann **9** — wie lange **2**

24 **Bis an ihr Lebensende** musste die alte Frau arbeiten.

wie lange **1** — seit wann **14**

Die adverbiale Bestimmung des Ortes

Wie heißt das Fragewort zum fettgedruckten Textteil?

1 Meine Eltern gehen gerne **ins Theater**.

wo? 6	wohin? 11	woher? 16

2 Großmutter wohnt **im Westerwald**.

wo? 21	wohin? 22	woher? 5

3 Die neue Schülerin kommt **aus der Türkei**.

wo? 7	wohin? 6	woher? 8

4 Der Kopf sitzt **zwischen den Ohren**.

wo? 12	wohin? 11	woher? 1

5 Silberpfeils Familie stammt **aus dem Hochland der Anden.**

wo? 15	wohin? 21	woher? 2

6 Sascha möchte schon wieder **nach Hause**.

wo? 5	wohin? 22	woher? 8

7 **Auf dem Dach** zwitschern die Schwalben.

wo? 16	wohin? 2	woher? 11

8 **Aus dem vermissten Flugzeug** erreichte uns ein Funkspruch.

wo? 12	wohin? 22	woher? 6

9 Der Steinadler bringt frische Atzung **ins Nest der Jungen**.

wo? 21	wohin? 7	woher? 15

10 Ich esse lieber Gemüse **aus dem eigenen Garten**.

wo? 16	wohin? 2	woher? 1

11 **Über den Wolken** kreist ein Kondor.

wo? 5	wohin? 8	woher? 7

12 Der Wanderer kam **von der Golzern Alm**.

wo? 1	wohin? 12	woher? 15

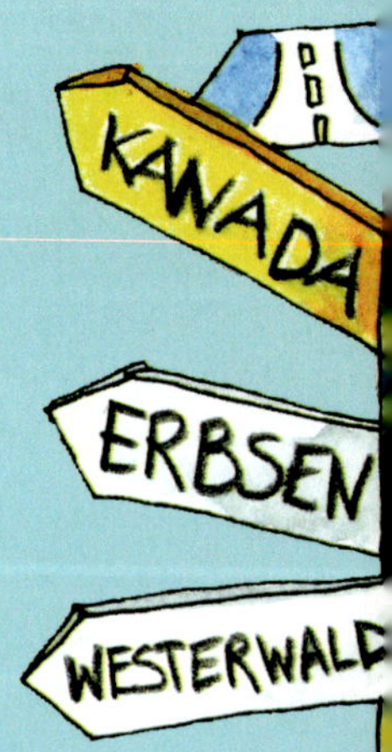

13 Das kleine Gespenst schlüpfte **in die alte Truhe**.

wo? 20 | wohin? 24 | woher? 23

14 Die Schiffe brachten Gewürze **aus fernen Ländern**.

wo? 17 | wohin? 14 | woher? 10

15 René schrieb den Aufsatz **in sein Rechenheft**.

wo? 13 | wohin? 20 | woher? 3

16 Ein weicher Kern sitzt oft **unter einer harten Schale**.

wo? 23 | wohin? 19 | woher? 18

17 Früher schöpften Leute ihr Wasser **aus tiefen Brunnen**.

wo? 24 | wohin? 9 | woher? 3

18 Der Hund schlief **neben dem Bett** seines Herrn.

wo? 19 | wohin? 4 | woher? 17

19 Der Kanarienvogel flog **zum Fenster**.

wo? 14 | wohin? 4 | woher? 19

20 **Auf den Osterinseln** stehen geheimnisvolle Steinfiguren.

wo? 17 | wohin? 18 | woher? 20

21 Der Fluchtwagen raste **in Richtung Autobahn** davon.

wo? 10 | wohin? 13 | woher? 24

22 **Vom Flussufer her** drang lautes Gelächter.

wo? 3 | wohin? 4 | woher? 9

23 Eishockey ist **in Kanada** sehr beliebt.

wo? 18 | wohin? 23 | woher? 13

24 Die Stiefmutter streute Asche **zwischen die Erbsen**.

wo? 9 | wohin? 14 | woher? 10

Vermischte Übungen: Ort und Zeit

Welcher gekennzeichnete Textteil ist eine adverbiale Bestimmung des Ortes?

1 **Aus dem Meer** 14 werden **schon lange** 17 Nährstoffe gewonnen.

2 Otto sprang **im Urlaub** 7 mutig **ins kühle Nass** 16 .

3 **Nächste Woche** 16 bleibt der Fernseher **bei uns** 17 ausgeschaltet.

4 **In Indien** 13 leben **heute** 12 nur noch wenige Tiger.

5 Henne Hanni legt **jeden Tag** 3 ein Ei **ins Nest** 5 .

6 **Auf dem Hamburger Fischmarkt** 15 herrscht **wöchentlich** 14 reger Betrieb.

7 **Unter die Fußmatte** 3 legt Oma den Hausschlüssel **nur noch selten** 1 .

8 **Beim letzten Heimspiel** 5 sang der Stadionsprecher **in die Mikrofone** 19 .

9 **An den Niederrhein** 18 zog Karin erst **nach ihrer Hochzeit** 15 .

10 Die Fähre **in Rees** 24 setzt nur **stündlich** 4 über.

11 **Im Morgengrauen** 6 balzten die Auerhähne **auf den Almwiesen** 2 .

12 Paul störte **von Beginn der Stunde an** 2 den Unterricht **in der Turnhalle** 4 .

13 **Von den Alpen herab** 1 zog Hannibals Kriegsschar **wochenlang** 23 .

14 Wie heißt der kleine Kobold, der Kindern **abends** 19 Sand **in die Augen** 21 streut?

15 **Unter der Fuchshöhle** 23 wohnt **sehr oft** 21 noch ein Dachs.

16 **Auf der Insel** 20 lebte der Schiffbrüchige **dreißig Jahre** 24 .

17 Der Brotteig muss **für 45 Minuten** 13 **in den Backofen** 10 .

18 **Bis in die Nacht** 22 arbeitete Jan **in seiner Werkstatt** 6 .

19 **Aus der Küche** 9 brachte die Stadtmaus **bei jedem Besuch** 8 Speck mit.

20 Vater liest **während des Essens** 11 gerne die Zeitschrift **aus Hamburg** 8 .

21 **Über die Eingangstür** 12 nagelte der Schmied **bei seiner Hochzeit** 9 ein Hufeisen.

22 **Im alten Gebäude** 22 verlegt unser Klempner **seit gestern** 20 neue Rohre.

23 **Nach der großen Pause** 18 lag ein Butterbrot **neben dem Abfallkorb** 7 .

24 **Vorgestern** 10 verfehlte der Schütze **auf dem Schießstand** 11 die Zielscheibe.

Welcher gekennzeichnete Textteil ist eine adverbiale Bestimmung der Zeit?

Nochmals: adverbiale Bestimmungen

Die adverbiale Bestimmung der **Art und Weise** findest du, indem du mit Subjek
Die adverbiale Bestimmung des **Grundes** findest du mit der Frage „**warum**“.

1 **Ohne Eile** schlenderte sie durch die Stadt.

Art und Weise **10** | Grund **2**

2 Der Unfall geschah **aus Unachtsamkeit**.

Art und Weise **13** | Grund **1**

3 Marianne klaschte **vor Freude** in die Hände.

Art und Weise **18** | Grund **6**

4 Der Rennfahrer stemmte sich **mit aller Kraft** in die Pedale.

Art und Weise **9** | Grund **4**

5 Ihre Pferde ritten die Indianer **ohne Sattel**.

Art und Weise **17** | Grund **10**

6 **Wegen starken Regens** fiel das Fußballspiel aus.

Art und Weise **3** | Grund **2**

7 **In aller Ruhe** bereitete Sigi sich auf die Arbeit vor.

Art und Weise **13** | Grund **8**

8 Heinz räumt sein Zimmer **aus Faulheit** nicht auf.

Art und Weise **14** | Grund **4**

9 **Vor lauter Langeweile** geht Jan ins Kino.

Art und Weise **17** | Grund **5**

10 Franz feierte **in bester Laune** seinen Geburtstag.

Art und Weise **18** | Grund **6**

11 Tierfotografien gelingen nur **mit großer Geduld**.

Art und Weise **3** | Grund **9**

12 **Aus Neugierde** schaut sie laufend aus dem Fenster.

Art und Weise **1** | Grund **14**

nd Prädikat fragst: „**wie**“.

13 Wir alle zuckten **wegen des Knalls** zusammen.
Art und Weise 20 | Grund 22

14 Heinz Helfgen radelte **ohne viel Geld** um die Welt.
Art und Weise 7 | Grund 12

15 **In Windeseile** verbreitete sich die Nachricht durch das Dorf.
Art und Weise 11 | Grund 23

16 **Vor Angst** klapperte Martina mit den Zähnen.
Art und Weise 16 | Grund 21

17 Herr Schmitz rettete **unter Lebensgefahr** das Kind vom Eis.
Art und Weise 19 | Grund 24

18 Diesen Schreck wirst du **schnell** vergessen.
Art und Weise 12 | Grund 8

19 So mancher Waldbrand ist **aus Achtlosigkeit** entstanden.
Art und Weise 15 | Grund 20

20 Das Verbrechen geschah **aus Rachsucht**.
Art und Weise 11 | Grund 16

21 **Starr** saß die Maus vor der Schlange.
Art und Weise 23 | Grund 22

22 Ihm zitterten **vor Aufregung** die Hände.
Art und Weise 21 | Grund 8

23 Im Sommer konnte ich **wegen der Hitze** oft nicht einschlafen.
Art und Weise 19 | Grund 15

24 An unser Gespräch denke ich **mit großer Freude** zurück.
Art und Weise 24 | Grund 7

Wie viele Attribute stehen in jedem Satz?

Substantive werden durch ein Adjektiv genauer bezeichnet.

Beipiel: Der **faule** Apfel – „**faule**“ ist das Attribut zu Apfel.

1 Das kleine Mädchen spielt schön mit einem bunten Ball.

kein Attribut **21** | ein Attribut **19** | zwei Attribute **5**

2 Müde liegt Anton im warmen Bett.

kein Attribut **15** | ein Attribut **13** | zwei Attribute **2**

3 Mit starken Zügen durchquerte der Schwimmer schnell das Becken.

kein Attribut **19** | ein Attribut **16** | zwei Attribute **11**

4 Ruhig und bewegungslos steht der Hecht im See.

kein Attribut **18** | ein Attribut **8** | zwei Attribute **22**

5 Noch in der späten Nacht erntete der Bauer das reife Korn.

kein Attribut **5** | ein Attribut **11** | zwei Attribute **21**

6 Hungrig setzte sich die Familie an den vollen Tisch.

kein Attribut **15** | ein Attribut **2** | zwei Attribute **22**

7 Durch das dichte Gebüsch sprang schnell ein scheues Reh.

kein Attribut **24** | ein Attribut **8** | zwei Attribute **19**

8 Am Himmel zieht ruhig ein Habicht seine Bahn.

kein Attribut **11** | ein Attribut **18** | zwei Attribute **16**

9 Die diebische Elster stahl heimlich den goldenen Ring.

kein Attribut **5** | ein Attribut **24** | zwei Attribute **15**

10 Kolumbus suchte mutig den Seeweg zum fernen Indien.

kein Attribut **13** | ein Attribut **22** | zwei Attribute **18**

11 Ihre Lieblingsmannschaft feuerten die Zuschauer lautstark an.

kein Attribut **24** | ein Attribut **16** | zwei Attribute **21**

12 Am hellen Himmel schien grell die heiße Sonne.

kein Attribut **2** | ein Attribut **13** | zwei Attribute **8**

13 Tief geduckt schlichen sich die Indianer an das Lager.

kein Attribut 17	ein Attribut 4	zwei Attribute 7

14 Das Auto durchfuhr schnell die enge Kurve.

kein Attribut 20	ein Attribut 1	zwei Attribute 9

15 Mit einem scharfen Messer schneide ich den harten Stock durch.

kein Attribut 23	ein Attribut 14	zwei Attribute 3

16 Laut heulten die Motoren der schnellen Wagen am Start auf.

kein Attribut 12	ein Attribut 6	zwei Attribute 20

17 Laute Musik durchdrang die stille Nacht.

kein Attribut 10	ein Attribut 23	zwei Attribute 7

18 Im Herbst leuchten die Äpfel rot an den Bäumen.

kein Attribut 4	ein Attribut 14	zwei Attribute 9

19 Bei diesem Geräusch lief es mir kalt über den Rücken.

kein Attribut 20	ein Attribut 10	zwei Attribute 12

20 Glühende Lava lief über die steilen Berghänge ins Tal.

kein Attribut 3	ein Attribut 17	zwei Attribute 23

21 Erschöpft erreichte der Bergsteiger den schneebedeckten Gipfel.

kein Attribut 4	ein Attribut 9	zwei Attribute 6

22 Der treue Hund wachte lange bei seinem verletzten Herrn.

kein Attribut 7	ein Attribut 8	zwei Attribute 14

23 Unruhig scharrten die Pferde in ihren Boxen.

kein Attribut 12	ein Attribut 3	zwei Attribute 1

24 Schon lange freue ich mich auf diesen spannenden Film.

kein Attribut 17	ein Attribut 10	zwei Attribute 6

Orts- oder Zeitattribut?

Substantive werden auch durch Orts- oder Zeitangaben genauer bezeichnet.

Der Fußballer **aus München** → **Ortsattribut**.
Die Kartoffel **vom letzten Jahr** → **Zeitattribut**.

1 In der Woche **nach Ostern** sind wir nicht zu Hause.
Zeitattribut **21** Ortsattribut **17**

2 Die Möbel **im Wohnzimmer** sind aus Eichenholz.
Zeitattribut **23** Ortsattribut **20**

3 Unterricht **am Nachmittag** ist bei Schülern nicht beliebt.
Zeitattribut **23** Ortsattribut **20**

4 Die Brücke **über den Rhein** ist ein mächtiges Bauwerk.
Zeitattribut **15** Ortsattribut **22**

5 Der Spatz **in der Hand** ist besser als die Taube auf dem Dach.
Zeitattribut **14** Ortsattribut **17**

6 Oft wird zu Unrecht über die Jugend **von heute** geschimpft.
Zeitattribut **19** Ortsattribut **19**

7 Urlaub **im Winter** wird immer beliebter.
Zeitattribut **13** Ortsattribut **16**

8 An den Tagen **vor Weihnachten** ist es sehr geheimnisvoll.
Zeitattribut **15** Ortsattribut **13**

9 Häufig fotografiert werden die Bären **im Zoo**.
Zeitattribut **4** Ortsattribut **24**

10 Ein Haus **am Waldrand** ist der Traum vieler Menschen.
Zeitattribut **22** Ortsattribut **18**

11 Nicht ungefährlich ist der Weg **durch den Sumpf**.
Zeitattribut **21** Ortsattribut **16**

12 Die Menschen **der Steinzeit** kannten keine Räder.
Zeitattribut **14** Ortsattribut **19**

13 Nichts ist älter als die Nachricht **von gestern**.

Zeitattribut 9 | Ortsattribut 2

14 Ein bekannter Ort **am Rhein** ist Königswinter.

Zeitattribut 8 | Ortsattribut 7

15 **Lang andauernde** Regenfälle behinderten den Verkehr.

Zeitattribut 11 | Ortsattribut 5

16 Dieser Bericht stand in der Zeitung **von gestern**.

Zeitattribut 10 | Ortsattribut 12

17 Die Hütte **hinter der Wegbiegung** erreichen wir noch.

Zeitattribut 3 | Ortsattribut 2

18 Hier fehlt noch ein Bild **an der Wand**.

Zeitattribut 4 | Ortsattribut 12

19 Gern denken wir an den Urlaub **vom vorigen Jahr** zurück.

Zeitattribut 1 | Ortsattribut 5

20 Die Autobahnen **um München herum** sind oft verstopft.

Zeitattribut 9 | Ortsattribut 3

21 Beim Sportfest **im letzten Jahr** wurden viele Urkunden errungen.

Zeitattribut 6 | Ortsattribut 7

22 Der Zug **nach Hamburg** hat 6 Minuten Verspätung.

Zeitattribut 6 | Ortsattribut 8

23 Den Kölner Dom besuchen viele Gäste **aus Japan**.

Zeitattribut 10 | Ortsattribut 4

24 Zum Winzerfest **im Oktober** kamen Tausende von Besuchern.

Zeitattribut 5 | Ortsattribut 11

Zu guter Letzt

Finde die Zuordnung!

1 Lateinischer Name für „Wiewort“?	Verb **16**
2 Zeit in der Zukunftsform?	der - die - das **24**
3 Ein Substantiv ist ein . . . ?	Singular **14**
4 Lateinischer Name für den 1. Fall?	das **8**
5 Das Prädikat des Satzes ist immer ein ... ?	Plural **23**
6 Relativpronomen bei „dieses“, „jenes“, „welches“?	Superlativ **10**
7 Zeit in der Gegenwartsform?	Namenwort **22**
8 Lateinischer Name für „Steigerung der Adjektive“?	Adjektiv **11**
9 Adverbiale Bestimmung auf die Frage „wann“?	feminin **4**
10 Lateinischer Name für „männlich“?	Grund **13**
11 Der wievielte Fall ist der Dativ?	Nominativ **12**
12 Wodurch wird ein Relativsatz eingeleitet?	Komparation **6**
13 Wie heißen die bestimmten Artikel?	Ort **18**
14 Wie heißen die unbestimmten Artikel?	Futur **7**
15 3. Steigerungsform der Adjektive?	Infinitiv **17**
16 Lateinischer Name für Mehrzahl?	Akkusativ **19**
17 Adverbiale Bestimmung auf die Frage „warum“?	Präsens **2**
18 Der wievielte Fall ist der Genitiv?	Relativpronomen **1**
19 Lateinischer Ausdruck für Einzahl?	Zeit **21**
20 Lateinischer Name für Grundform eines Verbs?	3. Fall **5**
21 Lateinischer Name für „sächlich“?	maskulin **15**
22 Lateinischer Name für den 4. Fall?	ein - eine **20**
23 Adverbiale Bestimmung auf die Frage „wo“?	neutrum **3**
24 Lateinischer Name für „weiblich“?	2. Fall **9**